NOTICE

SUR

L'OCCUPATION DE MALTE

EN 1798,

PAR L'ARMÉE FRANÇAISE.

Réponse à une assertion avancée par M. de Conny dans son
Histoire de la Révolution Française.

Et quorum pars fui.

PARIS,

LIBRAIRIE DE PAULIN,

rue de Seine, n° 33

1843

PARIS, IMPRIMERIE DE BRUNEAU,
rue Croix-des-Petits-Champs, 33.

NOTICE

SUR

L'OCCUPATION DE MALTE

EN 1798,

PAR L'ARMÉE FRANÇAISE.

L'occupation de l'île de Malte en juin 1798, par l'armée d'Orient sous les ordres du général Bonaparte, causa un étonnement général dans toute l'Europe. Par quelle fatalité La Valette, l'une des forteresses de premier ordre, avait-elle baissé ses ponts-levis et ouvert ses portes aux Français sans coup férir et sans attendre même une sommation ? Chacun voulut connaître les particularités d'un événement aussi inattendu, et dont le résultat fut de mettre pour toujours aux mains des Anglais le point le plus important de la Méditerranée. (1)

Les historiens qui se sont occupés de la révolution française ont presque tous consacré quelques pages à la prise de l'île de Malte, et la plupart, comme il arrive à tout écrivain qui rapporte des faits dont il n'a pas été témoin, ont suivi les relations répandues dans le temps, soit par les officiers qui

(1) L'amiral Keith, qui était à Malte lorsque les préliminaires de la paix d'Amiens furent signés, ayant appris que les Anglais devaient rendre cette île, entra dans une telle fureur qu'il parcourait sa chambre en se frappant la tête.

faisaient partie de l'armée d'Orient, soit par le grand-maître Hompesch et par les chevaliers présents à Malte à cette époque.

Ces derniers, pour dissimuler leur lâcheté et leur perfidie, crièrent à la trahison, et jetèrent tout le blâme sur les habitants de La Valette. A les entendre, un nombre considérable de conspirateurs et de rebelles avaient forcé le grand-maître et le conseil de l'ordre à capituler et à rendre la ville.

M. de Villeneuve-Bargemont, après avoir consulté tous les écrivains qui ont parlé de la prise de Malte, finit par dire que *cet événement est encore plein d'incertitude et d'obscurité.*

Je me propose de faire connaître les causes véritables qui ont motivé la prise de Malte et l'expulsion des chevaliers de l'ordre de Saint-Jean de Jérusalem. Je n'ai besoin pour cela de consulter aucun des voyageurs qui ont visité cette île à différentes époques, ni les historiens qui ont écrit sur l'ordre de Malte. J'ai connu les dernières années du grand-maître Pinto ; j'ai vécu sous les magistères de Ximénès, de Rohan et de Hompesch ; j'ai eu des relations particulières avec les premiers personnages de l'ordre, et par ma position, quoique très modeste, j'étais à même de connaître tout ce qui se passait de plus secret dans La Vallette et dans l'ordre. Je n'ai d'autre but que de défendre la mémoire et l'honneur de mes amis et de mes concitoyens trop légèrement accusés par M. de Conny dans son histoire de la révolution. J'espère que le récit exact et fidèle que j'entreprends convaincra que la perte de l'île de Malte et la chute de l'ordre, qu'on pouvait déjà prévoir dès la fin du magistère de Pinto, ne sont dus qu'à l'imprévoyance du grand-maître Rohan et aux dissensions qui éclatèrent dans l'ordre après l'avénement de Hompesch, et qui étaient à leur comble à l'arrivée de la flotte française. Je reprendrai les faits à dater de la mort du grand-maître Pinto.

La Valette, renommée par l'importance de ses fortifications, n'avait jamais entretenu de garnison de troupes régulières.

Les soldats des galères et des vaisseaux, au nombre de six cents, montaient tour à tour la garde aux trois portes de la ville, et fournissaient les postes des magasins et des arsenaux. Le château de Saint-Ange était gardé par vingt vétérans et dix invalides, et celui de Ricasoli par cinquante-cinq invalides. Le fort Manoel logeait une compagnie de vétérans de soixante hommes, la plupart ouvriers, qui passaient la journée à La Valette, et se rendaient la nuit seulement au château. Ces vétérans fournissaient les postes du lazaret et de la Sliema. (1) Une compagnie de deux cents hommes, portant le nom de garde du grand-maître, tenait garnison au fort Saint-Elme, et montait la garde au palais.

Ces troupes étaient exclusivement commandées par des officiers chevaliers de l'ordre.

(1) Chacun de ces châteaux n'avaient qu'un chef canonnier *(capo maestro)* et un aide *(residente)*.

Il y avait en outre une compagnie d'artilleurs appelés *bombardiers*, qui desservait différentes batteries. Ce corps, d'une parfaite nullité, composé de soixante à soixante-dix individus, presque tous artisans, ne se réunissait que trois ou quatre fois par an pour marcher armé de longues hallebardes en tête des processions de l'ordre.

Lorsque les galères et les vaisseaux étaient en pleine mer tous les postes militaires occupés par leurs six cents soldats étaient confiés à la garde d'une espèce de milice bourgeoise, composée de garçons tailleurs, cordonniers, etc., auxquels on donnait un mauvais fusil et une cartouchière.

La clôture des portes de La Valette était annoncée une demi-heure à l'avance par le son d'une cloche. C'était un simple gardien qui le soir allait chercher les clefs à l'auberge d'Auvergne, censée le domicile du grand-maréchal ; il faisait lever les ponts-levis, fermait les trois portes (Royale, Marine, Marsamuchet), et il reportait les clefs à l'auberge, où il les reprenait le lendemain matin pour l'ouverture des portes.

Voilà exactement l'état militaire de Malte à la mort du grand-maître Pinto, le 28 janvier 1773, et à l'avénement de Ximénès, qui lui succéda.

L'ordre à cette époque était en paix avec toutes les puissances de l'Europe ; la Porte Ottomane, harcelée par la Russie, avait renoncé à toute idée de conquête dans l'Occident.

« La hauteur excessive de Ximénès, dit M. de « Bargemont, la rudesse de son accueil, ses procé-

« dés repoussants lui avaient aliéné sans retour l'af-
« fection des Maltais de toutes les classes. Il dé-
« fendit la chasse aux nombreux prêtres de l'île,
« qui de tout temps s'étaient livrés avec ardeur à
« cet exercice. Peu après le clergé fut poussé à bout
« dans la personne de l'évêque (Pellerano), obligé
« de quitter son diocèse et de se réfugier à Rome.
« De nouvelles persécutions exaspèrent les esprits,
« et bientôt s'ourdit mystérieusement le vaste com-
« plot (1) où trempèrent des ecclésiastiques, des
« membres de la noblesse et même quelques che-
« valiers de l'ordre. »

Dans la nuit du 8 septembre 1775, des conspirateurs, conduits par Dom Gaetano Mannarino,
fameux missionnaire, désarmèrent la garde en-
dormie du fort Saint-Elme, et se mirent en devoir
de canonner la ville et particulièrement le palais
du grand-maître; une autre bande s'empara de la
tour Cavalière de Notre-Dame des Victoires, dont
elle s'était procurée les clefs. Ainsi en un instant
se trouvèrent occupées les deux extrémités les plus
importantes de La Valette. L'ordre était à deux
doigts de sa perte.

Par un grand bonheur les conjurés, qui avaient
compté sur le concours des habitants de La Valette, furent déçus dans leur espérance; personne
ne répondit à leurs cris; les complices qu'ils at-
tendaient de la campagne trouvèrent les portes
fermées. Ils perdirent courage, et ils se dispersè-

---

(1) L'origine de ce complot remonte aux dernières années du
grand-maître Pinto.

rent. Trois seulement furent pris dans la tour Cavalière; ils furent mis à la torture, et payèrent de leur tête leur folle entreprise. Au fort Saint-Elme il en restait six, y compris leur chef Mannarino; ayant menacé de faire sauter la poudrière, ils obtinrent par une espèce de capitulation la vie sauve, et furent enfermés dans des cachots, où ils moururent presque tous. Mannarino, enfermé au fort Manoel, s'échappa après dix ans de captivité; il fut repris, ne dut sa liberté qu'à l'arrivée des Français, et mourut deux ans après.

On n'a jamais bien connu le nombre et la qualité des conspirateurs; il est certain qu'ils étaient nombreux, et que parmi eux il y avait des personnes de distinction et même des membres de l'ordre.

Cependant cet événement, aussi inattendu que singulier, avait réveillé l'attention de l'Europe. Tous les souverains voulurent en connaître les motifs et les résultats. Le grand-maître Ximénès leur exposa les faits à sa manière; il fit aussi publier par son auditeur Menville une relation qui fut répandue dans toute l'Europe, et dans laquelle il se garda bien de faire connaître les véritables motifs de la conspiration. Il l'attribua à la malveillance des prêtres; mais il est hors de doute que les conjurés voulaient venger les griefs bien fondés de la nation maltaise contre l'ordre de Malte. (1)

(1) L'empereur Charles-Quint, dans l'inféodation de l'île de Malte à l'ordre de Saint-Jean de Jérusalem, avait réservé aux Maltais leurs exemptions et leurs priviléges, qui assimilaient l'île de Malte aux villes de Palerme, de Messine et de Catane, et que les Maltais

Le grand-maître Rohan, à son avénement au magistère (12 novembre 1775), se fit remettre la procédure commencée par Ximénès, et brûla tous les actes. Ainsi furent calmées les craintes et les inquiétudes des familles qui se croyaient compromises dans cette conspiration.

Le roi de France, persuadé que l'ordre manquait de moyens de défense, enjoignit au grand-maître de lever un régiment de douze cents hommes, qui aurait porté le nom de *régiment de Malte*. Les Maltais ne devaient y entrer que pour un quart; le reste devait être recruté à Marseille, à Gênes, à Livourne

avaient achetés au roi Alphonse de Castille, le 20 juin 1428, pour la somme de trente mille florins d'or d'Aragon. Au nombre de ces priviléges était le conseil populaire, qui nommait à différents emplois d'administration. Le grand-maître de L'Ile-Adam, à son arrivée à Malte à la tête de l'ordre, prêta le 26 octobre 1530 serment entre les mains des magistrats de la Medina de conserver aux Maltais leurs priviléges et immunités. Les premiers grands-maîtres à leur avénement au magistère allaient à l'ancienne capitale (la Medina) prêter le même serment entre les mains des jurats, qui ne leur ouvraient les portes de la ville qu'après cette solennité. Dans les premiers temps l'ordre avait besoin de la nation pour se défendre contre les attaques des Turcs, qui le menaçaient continuellement ; mais par la suite les craintes avaient cessé, le secours des Maltais n'était plus nécessaire ; les grands-maîtres ne prêtèrent plus l'ancien serment; les priviléges furent méconnus, et la nation maltaise traitée en pays conquis. Plus tard, lors de l'insurrection des habitants de la campagne, en septembre 1798, cette population ignorante appela le secours des Anglais; mais, privée des lumières de l'élite de la nation, enfermée dans la ville, elle négligea de faire sanctionner les priviléges dont les chevaliers l'avaient dépouillée, et elle se laissa endormir aux belles paroles de l'Angleterre. L'ordre, il est vrai, tyrannisait les Maltais, mais en même temps il versait dans l'île plus de deux millions d'écus, source de sa prospérité, qui disparut avec lui.

et dans les états de l'Église. Le grade d'officier était exclusivement réservé aux chevaliers. Il est évident que ce régiment, ramassis de vagabonds et de mauvais sujets, n'était nullement en rapport avec le nombre et l'étendue des fortifications ; ce n'était à proprement parler qu'une espèce de gendarmerie recrutée et soldée pour intimider et tenir en respect les habitants de l'île et surtout ceux de La Valette.

Une paix profonde permit à Rohan de se livrer dès les premières années de son magistère aux soins du gouvernement. Il s'occupa d'abord de la formation du nouveau régiment, qui coûta des sommes immenses ; il reprit le projet d'un code municipal conçu par le grand-maître Manoel en 1723 ; il publia ce nouveau code en 1782, et y introduisit un grand nombre d'innovations ; il abolit plusieurs anciennes lois, et mit fin à toutes les réclamations des Maltais en supprimant le conseil populaire. Ce dernier coup d'autorité, joint à la formation du régiment, aliéna tout à fait le reste d'affection que la nation Maltaise avait conservé pour l'ordre. La défiance et une secrète inimitié s'établit entre les Maltais et les membres de l'ordre ; ceux-ci ne voyaient dans les habitants de l'île que des sujets rebelles prêts à se révolter ; les Maltais, de leur côté, privés de leurs priviléges, détestaient un gouvernement tyrannique et oppresseur. Cependant Rohan avait tenté un rapprochement en invitant les nobles maltais à ses soirées (1) ;

(1) Les barons et les nobles maltais invités à ces soirées se présentèrent au palais affublés des anciens uniformes de l'armée d'Es-

mais il fut bientôt convaincu que l'extrême hauteur des chevaliers le rendrait impossible. Cependant il faut avouer que quelques jeunes chevaliers faisaient exception ; les Bavarois surtout, par leur modestie, leur amabilité, se firent recevoir dans des maisons respectables qui avaient été jusqu'alors fermées aux individus de l'ordre. Il est probable que sans la tourmente de la révolution française, qui vint par malheur troubler ce beau commencement, les esprits auraient fini par s'entendre, et un rapprochement sincère, utile à l'ordre et à la nation maltaise aurait été opéré.

Rohan affectait le pouvoir absolu ; il ne voulait recevoir que le titre de prince régnant. Il eut des démêlés sérieux avec la cour de Rome, qui lui causèrent des chagrins : le pape lui fit entendre que le grand-maître et son ordre, comme toutes les institutions monastiques, devaient reconnaître pour chef suprême le souverain pontife.

Affaibli par une maladie qui faillit le conduire au tombeau, Rohan passa les cinq dernières années de son magistère dans une complète inaction ; il

pagne : grand habit d'écarlate avec de larges galons d'or sur toutes les coutures ; c'était à vrai dire des figures tant soit peu grotesques. Ces barons, ne se croyant pas assez habiles pour occuper une place aux tables de jeu, se tenaient modestement assis au côté des joueurs. Le commandeur de Saint-Priest, voyant à sa droite le baron don Mario Testaferrata, lui dit impérativement : Mouchez-moi cette bougie. — Est-ce à moi que vous parlez. — Oui, et qui êtes-vous donc ? — Monsieur, je suis le baron Mario Testaferrata. — Pardon, je vous croyais un domestique à livrée. Cette scène burlesque excita l'hilarité de toute l'assemblée. Les barons indignés se retirèrent du palais, jurant de ne plus y mettre les pieds.

abandonna l'administratiou de l'état à ses amis et à ses favoris ; les emplois et les faveurs étaient obtenus par l'intermédiaire du commandeur de Saint-Priest, de l'abbé Corogna et de Laurent, son ancien domestique, dont il avait fait le commandeur Lorenzo Fontani, intendant du palais.

Déjà s'étaient manifestés en France les symptômes de cette révolution qui devait compromettre l'existence de tous les souverains de l'Europe. Un décret du 19 septembre 1792 confisqua au profit de la nation tous les biens que l'ordre de Saint-Jean de Jérusalem possédait en France. Ses riches commanderies furent saisies et vendues ; on s'empara des sommes considérables qui étaient entre les mains des receveurs. Le commandeur d'Estourmel, receveur à Paris, eut seul le bonheur de sauver une somme de cinq cent mille francs, qu'il prêta au malheureux Louis XVI. La France, par cet acte de spoliation, causa à l'ordre un mal incalculable ; elle le privait de plus des deux tiers de son revenu, et lui enlevait ainsi les moyens de se défendre.

C'était le moment pour le grand-maître Rohan de se réveiller et d'aviser aux moyens de sauver l'ordre et l'île de Malte menacés d'une ruine certaine. Malte était parfaitement tranquille ; nulle dissension n'existait entre les chevaliers et les dignitaires de l'ordre ; tout obéissait à la volonté suprême du souverain.

Les nouvelles doctrines eurent certainement à Malte des partisans et des admirateurs : qu'y a-t-il d'étonnant ? les meilleurs esprits de l'Italie, à Milan, à Rome, à Naples, saluèrent avec enthousiasme l'aurore qui promettait des jours plus heureux aux peuples courbés sous le joug du despotisme.

On recevait à Malte le *Moniteur,* le *Journal de Paris* et plusieurs autres feuilles périodiques ; on était instruit par la voie de Marseille, et presque jour par jour, de tout ce qui se passait sur le continent. Les Maltais admiraient la valeur et les exploits prodigieux de l'armée française aux prises avec toute l'Europe ; mais ils ne laissaient pas que de gémir en même temps sur les excès et les vexations que les soldats se permettaient dans les pays conquis. Dans l'île de Malte, quoi qu'en dise M. de Conny, on était bien loin de désirer la venue des Français ni un gouvernement comme celui de la république française ; les Maltais, quoique très mécontents du pouvoir despotique de l'ordre, n'ont jamais désiré ni conspiré sa perte. Les personnes qui professaient ouvertement les nouvelles idées étaient la plupart membres de l'ordre. Le peu de Maltais présumés patriotes et républicains n'avaient aucune part dans le gouvernement, et n'exerçaient aucun ascendant sur la nation. La population entière de Malte, toute catholique jusqu'au fanatisme, détestait les Français, qu'elle regardait comme hérétiques et schismatiques, et même plus dangereux que les Turcs.

Les assertions que M. de Conny et les écrivains qu'il a consultés et suivis ont avancées sur la prétendue conspiration de quatre mille Maltais, à la tête desquels il met le banquier Antoine Pous-

sielgue, et sur ces rebelles conduits par cinq fac-
tieux qui se sont introduits dans le conseil pour
forcer le grand-maître à capituler, sont autant de
fables forgées après coup par des personnes qui
ignoraient ou qui avaient intérêt à dissimuler les
véritables causes qui ont amené la perte de Malte.
Les habitants de La Valette ne se montrèrent et ne
s'assemblèrent qu'au dernier moment, quand tout
espoir était perdu et que l'ordre ne savait plus quel
parti prendre, comme on le verra tout à l'heure.

Rohan, dans ses dernières années, avait renoncé
aux soins du gouvernement. Il eût fallut dans ces
circonstances critiques un chef courageux. Au lieu
de montrer une attitude ferme et résolue, ce grand-
maître se répandit en plaintes auprès des souverains en guerre avec la France ; par une politique
tortueuse et imprévoyante il persista à faire croire
au gouvernement français que l'ordre, malgré la
spoliation dont il venait d'être frappé, n'en gardait
pas moins son ancienne neutralité. Il aurait dû
savoir que la neutralité des états qui n'ont pas une
force suffisante pour la faire respecter est illusoire.
Au surplus Rohan, tout en donnant ces assurances
cherchait un appui auprès de l'empereur de Russie,
et lui demandait dix mille hommes pour les opposer
aux Français. (1)

La petite île de Malte sous le gouvernement d'un

(1) Traité du 15 janvier 1797. Le courrier porteur de ce traité,
en débarquant à Ancône, fut arrêté par les Français, et ses dépêches
furent envoyées au Directoire, qui s'en servit plus tard de prétexte
à ses hostilités.

prince habile et courageux était dans le cas de causer de sérieuses inquiétudes à la république française, même lorsque celle-ci faisait trembler toute l'Europe. Rohan, convaincu comme il l'était que la France, après avoir saisi les biens de l'ordre, formait déjà le projet de s'emparer de sa résidence, aurait dû aviser aux moyens de défense qu'il avait sous la main. Les voici :

1° Ouvrir les ports et les arsenaux de l'île aux escadres anglaises, sans toutefois leur permettre d'introduire des troupes dans La Valette et les fortifications. Les Anglais, qui ne demandaient pas mieux, auraient apporté leur or et répandu l'abondance. Avec la protection de sa marine l'Angleterre aurait dédommagé les bâtiments maltais des pertes que la France leur avait occasionées. Bonaparte avait bien compris en prenant connaissance des dépêches saisies que si on permettait à l'Angleterre de s'établir à Malte l'empire de la Mediterranée serait perdu pour la France, et qu'il lui faudrait renoncer à son expédition d'Egypte.

2° L'ordre n'avait pas besoin de soldats pour defendre son territoire. L'île de Malte, sans compter La Valette et les trois villes adjacentes, fournit vingt mille hommes tous pleins de courage, la plupart chasseurs et très habiles dans le maniement des armes. Il suffisait donc d'organiser la campagne d'après les anciennes ordonnances qui la mettaient sur le pied de guerre à l'approche du danger ; de donner des armes aux hommes qui étaient en état de les porter ; de les réunir en compagnies prêtes à courir aux postes qui leur seraient assignés, et de choisir dans leurs rangs et parmi les nationaux les officiers qui devaient les commander, en réservant les grades supérieurs aux membres les plus distingués et les plus habiles de l'ordre. En outre le territoire de l'île pouvait fournir deux cents cavaliers bien montés à leurs frais, tous propriétaires. Ce petit corps aurait été d'un grand secours pour transmettre les ordres dans toute l'étendue de l'île.

3° Disposer pour être toutes prêtes au besoin les munitions qui se trouvaient déjà en grande abondance dans les magasins.

4° Les bastions de La Valette et des autres forts étaient garnis d'une nombreuse et superbe artillerie. M. d'Hauterive, dans son voyage en 1786, s'extasiait à la vue des remparts et des canons ; mais ce voyageur, comme tous ceux qui ont visité l'île, n'avait pas observé que cette formidable artillerie était mal assise sur des affûts vermoulus et qu'il n'y avait pas un nombre convenable d'hommes habiles pour la desservir.

Le grand-maître Rohan, voyant le danger qui menaçait l'ordre, aurait dû inspecter en personne et faire inspecter par des officiers habiles l'état matériel de l'artillerie, de laquelle seule dépendait le salut de la place, ordonner les réparations convenables, et surtout organiser un corps nombreux et bien instruit de canonniers.

Mais ce n'était pas l'affaire de quelques mois seulement ; il fallait pour les réparations tirer les matériaux du continent. Tout cela ne pouvait se faire

en présence de l'ennemi et après son débarquement
dans l'île. On ne pouvait prétexter le manque d'ar-
gent pour couvrir la dépense ; l'organisation de la
campagne n'aurait coûté que quelques milliers
d'écus ; les officiers pris dans le corps de la nation
se seraient fait un devoir et une gloire de contribuer
à la défense de la patrie. Pour le reste de la dépense, la moitié seulement de l'argenterie de l'église
Saint-Jean était plus que suffisante. Mais avant tout
il fallait que le grand-maître et tout l'ordre fussent
convaincus que l'île de Malte ne pouvait et ne devait être défendue que par des Maltais ; il fallait
rendre à la nation ses anciens priviléges, rétablir
surtout le conseil populaire, captiver la bienveil-
lance du clergé, qui dans ce pays superstitieux et
ignorant avait un empire absolu sur les esprits des
gens de la campagne, du reste très prévenus contre les Français. Il fallait que le grand-maître per-
suadât l'ordre et la nation qu'ils couraient un grand
danger, et que l'île n'avait d'autres moyens de
salut que ceux que nous venons d'indiquer. Le
grand-maître Rohan est d'autant plus coupable de
les avoir négligés qu'il était convaincu de l'immi-
nence du péril. (1) En effet, au moment d'expirer
il dit aux chevaliers qui entouraient son lit : Je suis
le dernier grand-maître de l'ordre.

Ce grand-maître et tout l'ordre persistèrent dans
l'opinion arrêtée, depuis le magistère de Pinto, que
l'île pouvait et devait être défendue sans le concours

(1) Au lieu d'adopter ces mesures, il institua une commission inqui-
sitoriale pour rechercher les personnes suspectes et mal pensantes.

des Maltais, dont ils crurent n'avoir plus besoin. (1)

Loin de moi l'intention de déverser le blâme sur la personne et les actes du grand-maître Rohan ; témoin de tous ces faits, je les ai rapportés tels qu'ils se sont passés. J'en appelle à M. de Villeneuve-Bargemont lui-même, qui dit en parlant de Rohan, t. 2, p. 270 :

« L'opinion jusqu'à ce jour n'a point été arrêtée
« sur un prince objet à la fois du blâme et de l'a-
« dulation des membres de son ordre, ce qui doit
« tenir en suspens l'historien consciencieux qui n'a
« pu être témoin des événements contemporains
« qu'il écrit. On peut cependant adresser des repro-
« ches fondés à un souverain qui laissa émousser les
« ressorts du pouvoir qui lui fut confié; qui par l'abus
« des brefs viola les statuts fondamentaux d'une ins-
« titution vénérée, et qui par une faiblesse parée du
« nom de tolérance ne réprima point assez la con-
« duite scandaleuse de quelques chevaliers. (2)

« On accusait aussi Emmanuel de Rohan de mé-

(1) L'approche des batteries était défendue aux Maltais. Le jeune Pulis, s'étant approché de celle des bastions dits Neufs et n'ayant pas répondu au premier qui vive de la sentinelle, reçut à bout portant un coup qui l'étendit mort. Le factionnaire, traduit devant le conseil de guerre, allégua la consigne, et fut renvoyé absous.

(2) Le chevalier Mazzacane, en plein jour, sans aucune provocation et par un simple mouvement de jalousie, assassina Segond, fils d'un honnête négociant qui tenait un magasin hors la mine. On lui fit son procès, à la suite duquel il fut enfermé, et après quelques mois de prison il fut mis en liberté à la prière de sa mère, qui vint à Malte pour cela.

« priser les hommes et de s'entourer uniquement
« de ceux qui savaient le flatter ou le distraire...
« Enfin, par un relâchement total dans la discipline,
« ce règne prépara la fatale catastrophe de 1798. »

. Le baron de Hompesch, né dans le château de
Bolheim, près de Dusseldorf, le 9 novembre 1744,
succéda à Rohan dans le magistère le 17 juillet
1797. Ce grand-maître, que M. le vicomte de
Conny présente comme un vieillard faible et ti-
mide, n'avait donc que cinquante-trois ans ; il était
d'une complexion robuste, plein de santé et tout
adonné aux plaisirs et aux jouissances que lui pro-
curait sa nouvelle dignité. Il était très aimé de la
nation maltaise, dont il parlait parfaitement la
langue, et il avait vécu dans l'intimité d'un grand
nombre de familles de La Valette. Il sortait jour-
nellement en carrosse, jetant au bas peuple l'ar-
gent que des Maltais lui avaient prêté pour acheter
les votes qui le portèrent au magistère.

Le grand-maître Hompesch, pour le malheur de
l'ordre et pour le sien, suivit la même politique et
les mêmes errements que son prédécesseur : mais
les temps et les circonstances étaient bien changés.
Une grande dissension régnait entre les principaux
personnages et dignitaires de l'ordre ; les langues
d'Aragon, de Castille et de Portugal, jalouses des
bienfaits accordés aux émigrés français, éclatèrent
en murmures et en réclamations peu mesurées. Des
conseillers fidèles et bien informés ne cessaient de
répéter à Hompesch que le danger était imminent
et qu'il fallait préserver l'ordre et l'île menacés ;

sa réponse habituelle était : Je suis informé de tout; ma prévoyance s'étend à chaque objet; on peut demeurer tranquille. « Les amis de la vérité, « comme l'observe très judicieusement M. de Bar- « gemont, gémissant d'une telle incurie, cédèrent « alors entièrement la place aux flatteurs et aux « intrigants. L'agitation gagnait sensiblement les « esprits, et la langue d'Espagne, influencée par la « cour de Madrid, alors alliée du directoire, com- « mença à faire scission avec celle de France. »

Dans les premiers jours de janvier 1798 débarqua à Malte M. Etienne Poussielgue, secrétaire de la légation française à Gênes, homme habile, plein de connaissances commerciales, financières et politiques, et intimement lié avec le général Bonaparte. L'objet apparent de son voyage était de faire, à l'occasion d'une mission dans les îles du Levant, une visite à une branche de sa famille établie à Malte depuis la révocation de l'édit de Nantes; mais réellement il avait été envoyé à Malte par Bonaparte pour reconnaître l'état de la place et les moyens de défense qu'elle présentait, et pour se concerter avec l'agent consulaire Caruson sur la possibilité d'organiser un parti dans le cas d'une attaque de la part des Français. M. Etienne Poussielgue, à son débarquement, alla loger dans la maison de son parent M. Antoine Poussielgue (1), chef de la famille établie à Malte.

(1) M. Antoine Poussielgue n'avait pas plusieurs parents négociants, comme l'avance M. de Conny; il n'avait que deux fils, vivant sous le même toit; l'aîné, marié, s'occupait de littérature; le cadet était reçu dans la langue de Bavière comme abbé conventuel.

M. Antoine Poussielgue, que M. le vicomte de Conny, comme par dérision, désigne sous le titre de gardien du port, était un des habitants les plus distingués et les plus respectables de La Valette. Sous la dénomination modeste de capitaine du port il alternait par semaine avec un membre de l'ordre les fonctions les plus importantes de la santé publique ; il avait la surveillance et la police du lazaret comme chef de la commission de santé ; il était inspecteur et vérificateur de la comptabilité de la ville, et consul de différentes nations. Ces emplois, qui lui donnaient beaucoup de considération, étaient la plupart honorifiques. Il avait une fortune considérable et indépendante ; il était lié d'amitié avec la plus grande partie des premiers dignitaires de l'ordre et très particulièrement avec le grand-maître Hompesch, auquel il prêta près de deux cent mille francs pour assurer son élection, somme que l'Angleterre, représentant la succession Hompesch, doit encore aux héritiers Poussielgue. C'est cependant ce même Antoine Poussielgue que M. le vicomte de Conny met à la tête des Maltais rebelles qui, soldés par le Directoire, conspiraient contre l'ordre, et appelaient l'armée d'Orient à l'île de Malte. On peut affirmer sans exagération que nul individu dans La Valette et même dans l'île de Malte n'avait plus d'intérêt qu'Antoine Poussielgue à la conservation et à la stabilité de l'ordre (1). M. de Conny a singulièrement raisonné : de ce

(1) Plusieurs membres de l'ordre devaient à M. Antoine Pous-

que M. Etienne Poussielgue fut envoyé à Malte pour pratiquer des intelligences et qu'il prit son logement chez M. Antoine Poussielgue, il a conclu que ce dernier devait être le chef de la prétendue conspiration.

M. Etienne Poussielgue resta à Malte à peu près un mois; il visita avec soin toutes les fortifications, et reconnut la situation de l'ordre; mais toutes ses démarches avec l'agent consulaire Caruson pour organiser un club et gagner une partie de la nation furent inutiles; personne ne répondit à leurs invitations.

M. de Bourienne, dans ses *Mémoires*, tome II, page 63, dit : « Les pratiques et les intelligences de « l'Europe pendant et après les négociations de « Campo-Formio n'avaient pas réussi au point de « nous faire ouvrir les portes de cette île célèbre. « Bonaparte témoigna beaucoup d'humeur contre « les personnes envoyées d'Europe pour préparer « les voies. M. Étienne Poussielgue avait fait tout « ce qu'il avait pu dans cette tentative de séduction, « mais sans succès. »

La sécurité de Hompesch fut un instant troublée par l'apparition de l'escadre française, qui, à la fin de 1798, vint stationner quelque temps devant l'île; elle était commandée par l'amiral Bruéys, qui venait de Corfou. Ce fut vers ce temps que des bruits d'armement en France et en Italie commencèrent à circuler à Malte, grossis par l'épouvante ou méprisés par ceux qui avaient intérêt à les assoupir.

sielgue des sommes considérables qu'il devait infailliblement perdre par la chute de l'ordre.

M. Doublet, chef de la secrétairerie d'état, dans sa relation manuscrite, assure que le grand-maître Hompesch avait été prévenu que l'expédition qui se préparait à Toulon regardait Malte et l'Égypte.

Les choses en étaient à ce point quand le mercredi 6 juin 1798 parut devant le port de Marsa-Scirocco une partie de l'escadre escortée seulement de deux frégates et de plusieurs barques canonnières et bombardières. Le 8 juin de nouvelles voiles furent signalées, et le lendemain matin elles se réunirent aux autres bâtiments. Le soir toute l'escadre française sous les ordres de l'amiral Bruéys se trouvait ralliée en vue de Malte. Le général Bonaparte commandait en chef.

L'agent consulaire Caruson fut mandé à bord de *l'Orient;* Bonaparte le chargea de demander au grand-maître l'entrée de l'escadre dans les ports de l'île pour faire de l'eau et réparer les bâtiments. Hompesch, que l'apparition de la flotte avait frappé de terreur, convoqua sur-le-champ la congrégation d'état et le conseil, qui furent d'avis de refuser l'entrée à la totalité de l'escadre et de ne permettre qu'à quatre bâtiments à la fois de pénétrer dans le port. A cette décision, qui fut portée à bord de *l'Orient* par Caruson, Bonaparte répondit que puisqu'on lui refusait l'entrée qu'il demandait pacifiquement il l'obtiendrait par la force.

Dès l'arrivée de l'escadre vingt-six baillis et chevaliers furent désignés pour prendre le commandement des forts et des postes militaires de la côte, où il n'y avait pas de troupes suffisantes. Pour défendre une aussi grande étendue de points isolés et éloignés les uns des autres (1) il eût fallu une armée d'au moins quarante mille hommes, et les troupes disponibles ne s'élevaient pas à six mille hommes, dont plus de la moitié de différentes armes et de milice nouvelle, et qui tous n'avaient jamais vu l'ennemi en face. Cependant chacun eut ordre de se tenir à son poste. « La population maltaise, « dit M. de Bargemont, témoignait un courage et « une résolution telle qu'il n'eût fallu que se mon- « trer pour l'électriser et rappeler les jours glorieux « où Soliman échoua devant les mêmes remparts. »

La cité était prête à prendre les armes; l'aspect de La Valette semblait présager une honorable dé- fense (2); mais les Maltais virent bien qu'ils allaient être livrés par les chefs qu'on leur désignait; c'était en effet une véritable dérision que d'opposer aux généraux expérimentés de l'armée d'Italie de vieux baillis qui n'avaient presque jamais servi que sur mer et de misérables troupes qui n'avaient jamais fait la guerre.

Le chargé d'affaires d'Espagne prescrivit en même temps aux chevaliers espagnols, au nom de sa ma- jesté catholique, de ne pas prendre part à cette lutte, étrange scission qui acheva de porter le trou-

(1) Huit lieues de côtes, les trois châteaux et La Valette.

(2) Les habitants des quatre cités prirent les armes au premier coup de tambour et furent distribués dans les fortifications. Ils de- mandèrent des munitions; on leur apporta des magasins de l'artil- lerie de la poudre en barils et des balles hors de calibre, tandis qu'il était de notoriété publique que dans ces magasins il y avait quarante mille cartouches confectionnées.

ble dans les esprits et paralysa les moyens de défense qu'on aurait pu improviser.

Le chevalier de Hoara, ami et confident du grand-maître Hompesch, dans le rapport transmis par lui à la cour de Russie, qu'il représentait, s'exprime en ces termes sur la position de l'ordre à cette époque :

« Les chevaliers français, formant le plus grand
« nombre de ceux qui existaient à Malte, depuis
« longtemps avaient témoigné du mécontentement
« sur la nomination du grand-maître baron de
« Hompesch. Le double motif et d'inclination pour
« leurs compatriotes et d'éloignement à l'égard de
« leur chef engagea un certain nombre à déclarer
« d'abord leur répugnance à combattre les Fran-
« çais ; ils furent imités dans leur refus par les che-
« valiers espagnols, qui se prévalurent de l'alliance
« entre la France et l'Espagne. Plusieurs chevaliers
« italiens originaires des pays occupés par les troupes
« françaises annoncèrent la même disposition (1).
« En un mot il y eut un tel concert d'inactivité et
« d'inertie parmi le grand nombre qu'il est impos-
« sible de ne pas l'attribuer à une intelligence for-
« mée depuis longtemps dans une grande partie de
« l'ordre, et dont le moment était venu. L'ordre de
« Malte, comme tant d'autres puissances, crut à

(1) On a jeté les hauts cris contre le commandeur Bosredon de Ransijat, secrétaire du trésor, qui avait dit publiquement qu'il ne voulait pas se battre contre les Français, ses compatriotes. Combien ne sont pas plus coupables ceux de ses confrères qui, tout en proclamant leur fidélité et leur résolution de combattre, abandonnèrent lâchement leur poste et rendirent la ville.

« l'éternelle chimère de la paix, et pensa que la
« guerre ne viendrait jamais l'atteindre. Cette im-
« prévoyance paresseuse qui cherche encore des
« illusions quand on est au bord de l'abîme l'em-
« porta à Malte comme ailleurs. »

Voilà la véritable conspiration qui perdit l'ordre
et l'île de Malte. M. de Hoara, bien informé de ce
qui se passait dans cette île et très attaché au
grand-maître Hompesch et à l'ordre, ne dit pas un
mot de la prétendue conspiration des Maltais ré-
vélée par M. de Conny. (1)

Le grand-maître Hompesch, dans le mémoire
qu'il adressa à l'empereur de Russie, dit formelle-
ment qu'il se trouva maîtrisé par un club de dignitaires et de membres de l'ordre gangrenés, que mal-
heureusement d'après les statuts il n'avait pas le
pouvoir d'éloigner du couvent; et il ne parle pas de
la conspiration des Maltais. Il écrivait aussi à l'empereur d'Autriche qu'il avait été et qu'il était encore
très aimé des Maltais, qui demandaient son retour
dans l'île. Tout cela est bien loin de faire croire à
leur trahison. (2)

Le dimanche 10 juin, dès quatre heures du matin, les Français commencèrent à opérer leur dé-

(1) M. Thiers, à propos de la reddition de Malte, n'en dit rien
non plus, ni de la violence que les Maltais auraient faite au conseil
pour le forcer à capituler. Même silence dans les relations et actes
officiels du temps.

(2) Aucun Maltais n'avait d'autorité ni de commandement; tous
étaient prêts à obéir. On a parlé de quinze mille rebelles, de quatre
mille conspirateurs; mais il fallait, pour donner quelque poids à cette
calomnie, faire connaître les noms des chefs du complot et de leurs

barquement sur plusieurs points. Bientôt deux forts sont pris sans résistance. Les affûts des canons placés sur les batteries étaient vermoulus et volèrent en éclats au premier feu. On avait mis à portée des pièces des boulets d'un autre calibre. (Ce n'étaient certainement pas les Maltais qui avaient pu faire cette substitution, puisque la surveillance et la distribution des munitions étaient uniquement confiées aux chevaliers.) Les soldats avaient à peine quelques cartouches humides. L'absence de toute précaution ne justifia que trop la méfiance des Maltais, persuadés que leurs chefs étaient d'intelligence avec les ennemis.

L'ordre, pour arrêter une armée de quarante mille hommes, fit une sortie de deux cents soldats, commandés par quelques chevaliers. Ce misérable détachement, à la vue de l'ennemi, jeta bas les armes, et se réfugia promptement dans la ville, convaincu que ses chefs le menaient à une mort certaine.

A dix heures les Français étaient maîtres de presque toute la campagne ; il n'y eut que le fort Rohan, commandé par le chevalier Laguérivière, qui leur opposa quelque résistance. La Médina, ancienne capitale, avait été laissée sans troupes, sans munitions et sans vivres ; elle ouvrit ses portes à une colonne de quinze mille hommes.

adhérents ; on n'en cite aucun, et pour bonne raison. Pour en finir avec cette conspiration, le grand-maître et les chevaliers, ne pouvant alléguer aucun prétexte à leur lâcheté et à leur imprévoyance, eurent recours, comme cela arrive toujours, à une accusation de trahison.

Le temps pressait de plus en plus. Le bruit se répandit que la ville serait cernée dans la nuit du 11 par les Français et foudroyée par leur artillerie. Les soupçons du peuple sur la connivence de plusieurs chevaliers avec les ennemis se changèrent en certitude et exaspérèrent les esprits. Une complète désorganisation se manifesta ; l'anarchie se glissa de rang en rang ; les soldats désertèrent, le peuple s'emeuta. Le cri de trahison se faisait entendre partout.

Cependant quelques chevaliers pénétrèrent jusqu'au grand-maître, et lui rappelèrent ses devoirs. Soyez tranquilles, répondit-il en affectant beaucoup de sang-froid ; je sais ce que j'ai à faire.

La ville se remplit des habitants de la campagne fuyant à l'approche des Français. Au milieu du désordre et de la confusion causés par le manque absolu de moyens de défense, et dans la crainte bien fondée de voir bombarder la ville, qui en deux heures pouvait être réduite en un amas de décombres, le conseil de l'ordre s'assembla à deux heures après midi pour délibérer sur ce qu'il y avait à faire. Les habitants de La Valette, voyant que la séance se prolongeait, (il était cinq heures) s'assemblèrent en petit nombre dans la maison de l'université. Ils n'étaient pas plus de cent ; c'étaient des nobles, des avocats, des négociants et des personnes les plus respectables de l'île, qui s'étaient réunis spontanément et sans aucun concert préalable. A leur arrivée à la maison de l'université ils y trouvèrent le marquis Mario Testaferrata, le baron Jean-Baptiste Dorel, le marquis Jérôme Delicata, Jean-

Baptiste Grognet, jurats, et le docteur Jean-Ni-
colas Muscat, ci-devant auditeur; peu après ar-
riva l'avocat Torregiani. L'assemblée, convaincue
de la position désespérée et de l'impuissance du
grand-maître, voulant épargner à son pays un as-
saut et les horreurs qui en sont la suite, délibéra
sur le parti à prendre. Joseph Guido, (1) suppléant
à la cour criminelle de La Valette, proposa de
rédiger une supplique respectueuse au grand-
maître et à son conseil pour l'engager à demander
au général Bonaparte d'accorder une suspension
d'armes et de déclarer s'il faisait la guerre aux chevaliers ou aux Maltais. L'assemblée, tout en approu-
vant l'envoi d'une supplique, ne fut pas d'avis de
séparer la cause de l'ordre de celle des Maltais.
Cette opinion prévalut, et ce fut dans ce dernier sens
que la pétition fut rédigée. Il restait à savoir
quelles personnes voudraient bien se charger de

(1) Guido, l'année suivante (juin 1799), ayant abordé à Trieste
et se trouvant en quarantaine, fut dénoncé par Hompesch et par les
chevaliers qui étaient dans cette ville, au gouverneur Pompéi comme
le chef des rebelles qui avaient forcé le grand-maître à rendre l'île
de Malte. Par suite de cette dénonciation il fut enfermé dans le
château et attaché à une chaîne. Le conseiller Minelli, dans la visite
qu'il faisait des prisonniers, après avoir interrogé Guido, lui conseilla
d'adresser directement à l'empereur d'Autriche un mémoire relatif
à la prise de Malte. Ce mémoire fut présenté à l'empereur, et
dix jours après Guido fut mis en liberté et conduit jusqu'aux
frontières de France; le grand-maître Hompesch reçut en même
temps par l'intermédiaire du prevôt Maffei l'ordre d'abdiquer en
faveur de l'Autriche et de la Russie et de s'éloigner de Trieste, avec
menace en cas de refus de se voir déclaré ennemi et retenu comme
prisonnier d'état.

cette mission aussi difficile que délicate ; le choix tomba sur le marquis Testaferrata, l'un des jurats présents, le docteur Bonano, juge criminel, le docteur Torregiani, l'un des premiers avocats du barreau de Malte, et Guido, qui se rendirent au palais, où siégeait le grand-maître avec son conseil.

Le grand-maître avait déjà été prévenu par l'auditeur Schembri de la démarche qu'on devait faire auprès de lui. Les députés demandèrent audience par l'entremise du maître écuyer ; elle leur fut aussitôt accordée. Les trois premiers députés, craignant peut-être de se compromettre, chargèrent Guido de porter la parole ; il dit qu'il venait avec ses collègues présents, agissant au nom de la nation maltaise, présenter à S. A. en son conseil la pétition qu'il tenait en main. Après en avoir demandé et obtenu la permission, il donna lecture de cette pièce, qui, écrite dans un style respectueux, mais à la fois plein de noblesse et de franchise, portait en substance qu'en tout temps les Maltais s'étaient fait gloire de sacrifier leur fortune, leur liberté, leur vie pour le service de l'ordre contre les Musulmans ; mais que, se voyant aujourd'hui attaqués par une puissance chrétienne sans savoir pourquoi, et avec des forces auxquelles l'ordre ne paraissait pas en état de résister, les habitants des quatre cités, par l'organe de leurs députés, suppliaient le grand-maître et son conseil de demander une suspension d'armes. Cette lecture avait été plusieurs fois interrompue par les invectives et les apostrophes insultantes des membres du conseil ; mais, loin de se

déconcerter, Guido élevait la voix et recommençait
la phrase. S'adressant enfin directement au grand-
maître, il lui dit : Avez-vous des forces suffisantes pour
résister à l'ennemi ? Dans ce cas la nation est prête
à se sacrifier pour conserver son prince et la domi-
nation de l'ordre : mais si la résistance est reconnue
impossible, il n'y a d'autre parti à prendre que de
tenter un arrangement. Tel fut le langage de Guido,
plein de respect et de raison. Lorsqu'il eut achevé
de parler, le bailli Carvalho, vice-chancelier, se leva,
et s'adressant aux députés leur dit : La mission
audacieuse que vous avez acceptée est digne de la
potence, et si le grand-maître m'en croyait, pour
châtier votre témérité il vous ferait tous pendre en
sortant d'ici. — M. le bailli, répondit Guido, on ne
pend que les voleurs et les assassins ; mais on écoute
les députés d'une nation qui comme la nôtre a tout
à perdre et rien à gagner dans une pareille guerre,
et qui d'ailleurs vous adresse une demande d'ur-
gence sans s'écarter du respect qui vous est dû.
Au surplus, nous en appelons au cœur paternel de
S. A., et nous la supplions de jeter un regard de
compassion sur ce malheureux pays, qui a toujours
fait des vœux pour sa prospérité et celle de l'ordre.
— C'est bien, dit le grand-maître, je vous donne
ma parole que nous prendrons en considération
votre supplique, dont l'auditeur Bruno voudra bien
se charger. Veuillez vous retirer.

Les députés sortirent, mais en déclarant qu'ils
attendraient à la porte la décision du conseil pour
en donner connaissance à l'assemblée qui les avait

délégués. Le marquis Testaferrata et Torregiani ne tardèrent pas à partir ; Bonano et Guido restèrent à la porte du conseil jusqu'à onze heures et demie ; mais voyant qu'aucune délibération n'était encore prise, ils se retirèrent. L'assemblée qui les avait envoyés était aussi déjà dissoute. A minuit le conseil avait résolu la capitulation de l'île, dont les articles furent signés le lendemain 12, à minuit, à bord de *l'Orient.*

Voilà ce que M. de Conny appelle une assemblée de rebelles ayant pour chefs cinq furieux qui se mêlèrent aux délibérations du conseil et qui forcèrent le grand-maître à demander une capitulation. Nous le défions de démentir le récit que nous venons de faire, et nous attendons de sa loyauté que, mieux informé, il s'empressera de rectifier ses assertions.

FIN.